Spielend leicht lernen

Christian Becker

Die schlaue kleine Hexe

Konzentration und Feinmotorik

Vorschule

Bilder von Lieve Baeten

Verlag Friedrich Oetinger · Hamburg

Hallo, Kinder!

Kommt doch mal mit zur kleinen Hexe Lisbet.
Bei ihr gibt es so viele Tiere, die ihr kennen lernen könnt!
Und wenn ihr die Bilder in diesem Buch anschaut,
lernt ihr genau zu beobachten,
Unterschiede zu erkennen,
zu vergleichen und zu zählen.
Ihr übt auch schon Linien zu ziehen,
die für das Schreibenlernen
in der Schule wichtig sind.
Und ihr könnt auch viele Bilder anmalen.
Ihr werdet sehen: Bald seid ihr
genauso schlau wie die kleine Hexe.
Habt ihr Lust anzufangen?
Lisbet wartet schon auf euch!

© Verlag Friedrich Oetinger GmbH, Hamburg 2006
Alle Rechte vorbehalten
Oetinger Lernhilfen: Spielend leicht lernen
Einband- und Reihengestaltung: Ralph Bittner
Innengestaltung: Behrend & Buchholz, Hamburg
Titelfigur und Illustrationen von Lieve Baeten
Ergänzende Illustrationen von Margret Mündel
Reproduktion: Domino Medienservice GmbH, Lübeck
Druck und Bindung: Westermann Druck Zwickau GmbH, Zwickau
Printed in Germany 2006/II
ISBN-13: 978-3-7891-1636-0
ISBN-10: 3-7891-1636-X

www.oetinger.de

Guck mal! Das ist die kleine Hexe Lisbet mit ihrer Katze.
Findest du ihre Katze unten wieder?
Dann kreise sie mit einem Stift ein.

Im Badezimmer sind viele Tiere. Findest du die Tiere von unten im großen Bild oben wieder? Kreise sie oben ein.

Die kleine Hexe hat aus Besen eine Figur gelegt.
Kannst du die Figur nachzeichnen und anmalen
oder hast du Angst vor Mäusen?

Lisbet beobachtet in der Nacht die Fledermäuse.
Findest du alle Fledermäuse? Kreise sie ein.

Die kleine Hexe malt ihre Katze. Ordne die Bilder.
Was hat sie zuerst gemalt und wie geht es dann weiter?
Ziehe eine Linie zu den passenden Zahlen.

1. 2. 3. 4.

Im Tierladen sind viele Schlangen.
Zählst du sie? Schreibe unten die passende Zahl bunt nach.

Zwei Schlangen sind genau gleich. Malst du sie an?

Die kleine Hexe hat Geburtstag.
Sie hat immer zwei gleiche Tiere eingeladen,
aber ein Tier ist ganz alleine gekommen.
Male es an.

Guck mal, der Hase ist auch gekommen.
Kannst du ihn ganz schön anmalen?

Wie viele Mäuse haben sich vor der Eule versteckt?
Zähle sie und kreise die passende Zahl mit einem Stift ein.

1 2 3 4 5 6

Lisbet will die Tiere zählen. Hilfst du ihr?
Dann male die passenden Punkte auf die Würfel.

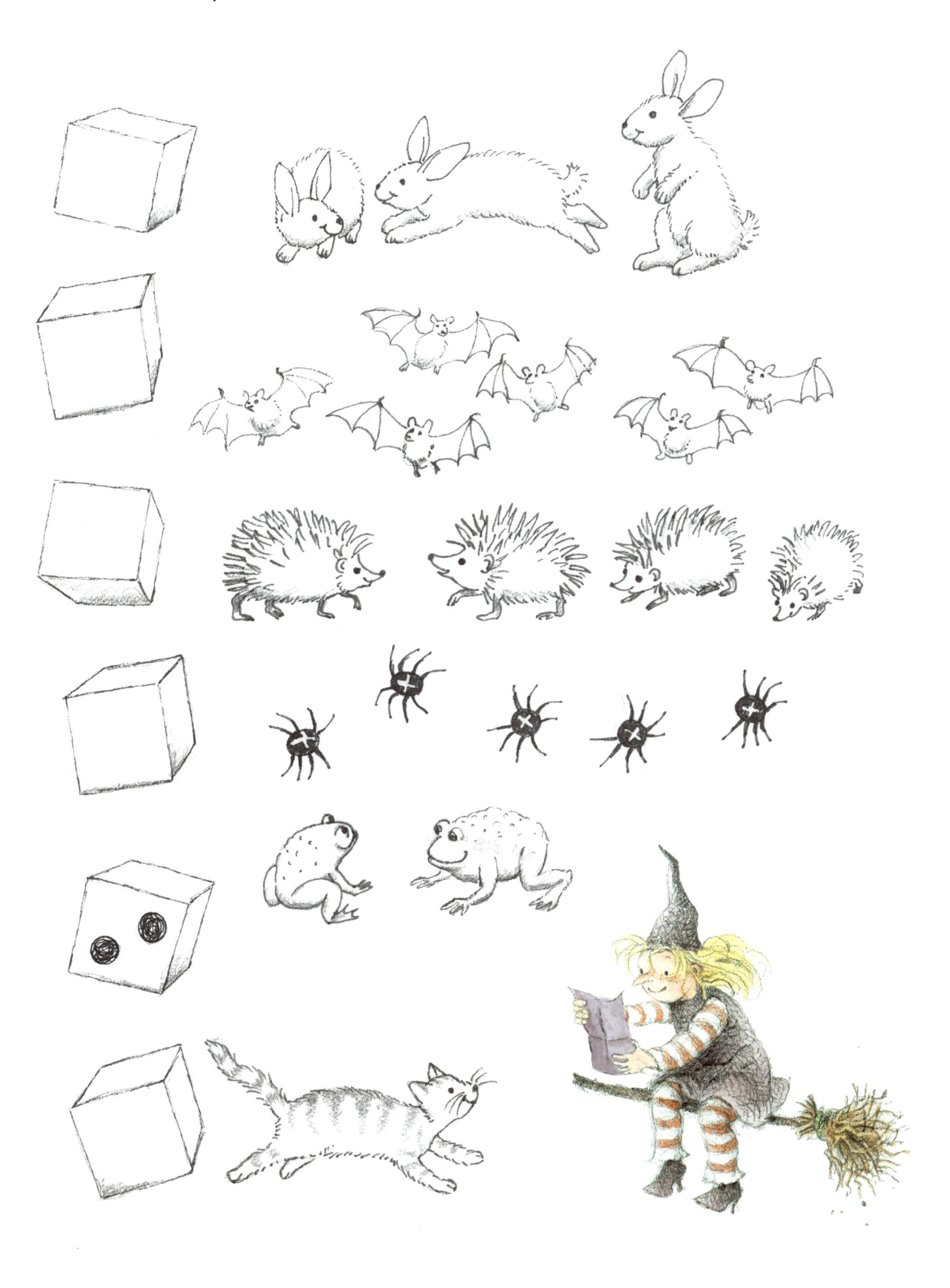

Schau dir die Tierschatten an.
Ziehe von jedem Schatten eine Linie zu dem Tier, das dazugehört.

Lisbet und ihre Freundin Trixi spielen mit einem Kartenspiel.
Immer 2 Karten passen zusammen. Welche sind es?
Male die Punkte auf den Karten in der gleichen Farbe an.

Die Eichhörnchen haben Nüsse gesammelt.
Kreise immer die passende Zahl mit einem Stift ein.

17

Das Eichhörnchen wohnt bei der kleinen Hexe im Baum.
Zeichne die gepunktete Linie nach und male das Eichhörnchen an.

Der Waschbär hat Wäsche gewaschen.
Wie viele Stücke hat er aufgehängt?
Kreise die passende Zahl ein und male die Wäsche bunt an.

2   4   1   5   3

Huch! Was hat Lisbet denn da fotografiert?
Ziehe eine Linie zwischen den Tieren und den Fotos, die dazugehören.

Findest du die Tiere von unten in dem großen Bild oben wieder?

Trixi spielt mit dem Bären.
Zeichne ein, wie sie auf seinen Pfoten hin- und herfliegt.

Lisbet hat ihrem Raben ganz bunte Federn gezaubert.
Malst du den Raben bunt an?

Das ist Lisbets Aquarium!
Aber einige Dinge gehören da gar nicht hinein! Streiche sie weg.

**Lisbet sucht für sich und Trixi immer zwei Tiere, die genau gleich sind.
Male sie an, wenn du sie findest.**